SOPA DE LLIBRES

Pl. Lesseps, 33, entresòl. 08023 Barcelona
Telèfon 93 217 20 54. Fax 93 237 34 69
e-mail: barcanova@barcanova.es
www.barcanova.es

Primera edició: octubre de 2004

Disseny: Manuel Estrada

ISBN: 84-489-1579-8
Dipòsit legal: B-41551-2004

Imprès a Gràfiques 92, SA
Av. Can Sucarrats, 91. 08181 Rubí
Printed in Spain

Lluch, Enric
De Satanasset a Aletes-de-Vellut / Enric Lluch ; il. de Monse Fransoy . — Barcelona : Barcanova , 2004 . 96 p. : il. ; 20 cm. — (Sopa de Llibres ; 104. Sèrie Taronja)
ISBN 84-489-1579-8
I. Fransoy, Monse, il. II. Títol. III. Col·lecció. 1. Dimonis. 2. Àngels. 3. Amistat
I2 LLU

De Satanasset a Aletes-de-Vellut

SOPA DE LLIBRES

Enric Lluch

De Satanasset a Aletes-de-Vellut

Editorial Barcanova

Il·lustracions de Monse Fransoy

Índex

1
El problema de Satanasset

La senyora Dimoniarra va decidir no amagar-ho durant més temps. De manera que es pentinà ben pentinada, es posà el vestit negre més nou i la capa vermella i marxà, més palplantada que una palmera, a la Planta Primera Carbonada on, segurament, el seu marit Satanàs comptabilitzava els cabassos de carbó que s'empraven en cadascuna de les fogueres de l'infern.

–Bon dia, senyora Dimoniarra –va saludar la secretària de Satanàs.

–Bon dia, senyoreta Cuanegra, que hi és el meu marit?

–Sí, senyora. Passi al seu despatx i el trobarà de seguida.

Satanàs seia rere d'una taula de fusta de noguer. Teclejava la calculadora i, alhora, remugava sense parar.

–No sé com acabarà això. O canviem les calderes i les fem elèctriques o de gas natural o no criarem cera a les orelles mai de la vida.

En veure la seva esposa, va deixar de teclejar en sec:

–Què passa? –preguntà alterat.

–No t'amoïnis encara… –va tractar de suavitzar la senyora Dimoniarra.

Satanàs s'alçà de la cadira i caminà més recte que un fil cap a la dona.

–S'ha posat malalt el nen? S'ha donat un cop fort? S'ha empassat un tros de carbó? S'ha barallat amb algun amiguet? Vinga, parla!

La senyora Dimoniarra va negar amb el cap.

–No, no. No és res d'això.

–Aleshores?

La senyora Dimoniarra tancà els ulls alhora que declarava:

–El teu fill es pixa al llit.

Satanàs parpellejà una dotzena de vegades seguides.

–Com dius?

–Això! Que Satanasset es pixa al llit cada vegada que s'apropa al foc.

Satanàs es va posar un dit a la boca com demanant silenci a la seva dona.

–Xiit! No alcis la veu i explica'm què passa.

La senyora Dimoniarra li ho abocà de seguida: Satanasset es pixava al llit des que començà a fer les primeres pràctiques amb les fogueres de l'infern.

–Això no pot ser, dona –va dir Satanàs–. Es deu pixar per qualsevol altra cosa...

–No, no –aclarí la dona–. Es pixa des que s'apropa al foc. Ara ja ho saps.

Satanàs es passà la resta del dia barrinant i barrinant i ja no va treure gens l'entrellat de les sumes dels cabassos ni del preu del carbó ni de res.

2
Les consultes del pare Satanàs

A la tarda, Satanàs va sortir del despatx i s'encarà amb la seva secretària.

–Senyoreta Cuanegra, tenim algun client que hagi estat metge?

La secretària va agafar l'arxiu i va començar a passar una fitxa rere l'altra.

–Sí, senyor. Aquí en tenim quatre d'apuntats.

–Doncs porteu-los aquí de seguida.

La secretària s'empassà la saliva abans de parlar.

–Senyor Satanàs: els quatre tenen sessió de caldera fins a les onze de la nit...

–He dit que els porteu de seguida, caram! –bramà Satanàs abans de donar un cop de porta que quasi va fer saltar el pany i el forrellat del despatx.

Un instant després, s'hi van presentar els quatre metges acompanyats d'una dotzena llarga de dimonis banyuts armats amb forques de ferro. El caporal dels dimonis va fer una reverència i va dir amb una veu que semblava sortir del mateix melic de l'infern:

–Senyor Satanàs, aquí li portem els metges.

–Molt bé –contestà Satanàs–. Apa, deixeu-los aquí una estona i torneu a la feina.

Però el caporal no ho tenia gaire clar. Per això gosà dir:

–I si s'escapen, senyor?

Satanàs llançà tres flamarades per cadascun dels queixals.

–Que marxeu us he dit, caram!

A penes recularen els dimonis, Satanàs s'encarà amb els metges i els preguntà:

–Quina medecina hi ha per curar un dimoniet que es pixa al llit?

Els quatre metges es miraren de dalt a baix, es rascaren les butxaques i els camals dels pantalons, però no en van contestar ni una, ni mitja ni cap.

–Ho sabeu o no? –bramà Satanàs.

Aleshores, el més vell dels metges va dir més esporuguit que un conill davant d'una dotzena de gossos llebrers:

–Ehem! Caldria saber quin és l'origen de la... malaltia.

Satanàs va tornar a rebufar com un bou acabat de picar.

–Origen, origen... El dimoniet es pixa i ja està.

Un altre metge apuntà:

–Potser pels nervis, potser per la por...

I un altre va afegir:

–Fins i tot, diuen que n'hi ha uns quants que es pixen cada vegada que s'acosten al foc.

I un metge que emprava ulleres de cul de got va rematar:

–Conec un metge que se sap de memòria tot això de la pixera dels nens.

–Com es diu i per on para aquest metge? –preguntà Satanàs.

–Es diu doctor Matalí i tinc entès que viu al cel, senyor Satanàs.

3
VIST I COMPROVAT

Satanàs arribà a casa quan el seu fill, Satanasset, s'havia acabat de dutxar i s'havia posat el pijama.

–Com ha anat la feina amb les fogueres, fill?

Satanasset va contestar a mitja veu abans de seure a taula per sopar.

–Bé, pare. Una mica de calor, però bé.

–Home! Calor, calor... No deus voler que faci fred al costat de les fogueres?

Mentre sopaven, Satanàs no badà boca. Això sí, mirà i remirà el fill almenys set dotzenes de vegades. Després, mentre es menjava les postres, va dir decidit i més seriós que la sota d'espases:

–Aquesta nit el pare s'estarà a la butaqueta que hi ha a la teva habitació...

–Per què, pare?

Satanàs va dir una mentida més gran que una catedral.

–Ehem! Perquè vull explicar-te un conte.

Una vegada dins de l'habitació, Satanàs es deixà caure a la butaca i esperà que Satanasset s'adormís. Però aquest tenia el cap en una altra cosa:

–No m'havies d'explicar un conte, pare?

–Ah, sí! Doncs resulta que una vegada, un dimoni banyut que es deia, que... Ui! Ara no me'n recordo. Doncs, bé, un dimoni banyut se'n va anar, se'n va anar a... Ui! Ara tampoc no me'n recordo, del lloc on se n'anà! Doncs bé, un dimoni banyut se'n va anar a... i trobà un pagès que es deia... Ui! Com es deia el pagès? Doncs bé, el pagès tenia un camp de..., un camp de... Era de faves? No, no, de faves no era. La qüestió és que el dimoni es va apropar al camp de no recordo què i...

Satanasset es va rascar el clatell, va badallar tres vegades amb la boca ben oberta i va murmurar:

–Deixa-ho estar, pare, que ja tinc son.

Una estona després, Satanasset rebufava com una foca refredada. El pare s'apropà al llit i, durant una estona, tractà de comprovar si el fill es pixava o no i en quin moment ho feia; però una hora després, baldat com estava, es va deixar caure de cop damunt de la butaca i s'adormí ben adormit.

Quan va sonar el despertador, Satanàs va saltar de la butaca com si tingués un tros d'acer clavat a les costelles. Es va apropar al llit del fill i va comprovar que els llençols estaven més remullats que els cigrons.

–T'has pixat una altra vegada, fill?

–Sí, pare; però jo no ho faig a posta... –contestà Satanasset bastant atemorit.

Satanàs sortí de l'habitació del fill com una bala i es va encarar amb la seva dona:

–D'això del nen, ni una paraula, eh! Imagina't com es posaria la colla de dimonis de l'infern si sabés que l'hereu de Satanàs es pixa al llit cada vegada que s'apropa a una foguera! Entesos?

I, després d'agafar l'esmorzar, marxà al seu despatx a la Planta Primera Carbonada.

4
L'E-MAIL

Satanàs va anar directament a la taula on seia la seva secretària.

–Cuanegra, engega l'ordinador i envia un e-mail a l'àngel del cel que estigui de guàrdia...

–Com diu? –preguntà estranyada la secretària.

–Tu calla i fes el que et dic, caram! Continuo: escriu un e-mail a l'àngel de guàrdia i demana-li que ens deixin una estona un metge anomenat doctor Matalí. Vinga, comença!

Cuanegra va engegar l'ordinador, va obrir el programa del correu electrònic i va escriure:

De: Secretària de Satanàs
A: Àngeldeguàrdia@cel.net

Benvolgut àngel de guàrdia,

Satanàs en persona us demana que deixeu venir una estona un metge anomenat doctor Matalí.

Una abraçada de lluny (per si de cas us embruto les plomes).

Cuanegra

Una estona després, l'ordinador va fer un pit-pit que anunciava l'arribada d'un e-mail de resposta. Deia:

De: Àngel de guàrdia
A: Cuanegra@infern.brut

Benvolguda Cuanegra,

Em comuniquen que el doctor Matalí no pot anar a l'infern de cap de les maneres i que cadascú s'arregli a casa seva i avall que fa baixada. Una abraçada de ben lluny.

Ales-de-Porcellana. Àngel de guàrdia.

Satanàs es va enfilar per les parets, va donar un cop a la taula, es va mossegar les ungles i es va estirar les banyes durant més de mitja hora. Ah, sí! I també va bramar sense parar:

–Mal educats, consentits i insolents!

Una estona després, es va calmar una mica i va començar a barrinar fins que li sortiren unes quantes flames pels bigotis. De seguida, demanà a la secretària que fes cridar els dimonis més prims, esquifits i sense banyes que hi hagués a l'infern.

–Ara, senyor Satanàs?

–Sí, caram! Ara mateix.

La secretària despenjà el telèfon i va avisar tots els CSI (Caps de Secció Infernal) perquè busquessin dimonis sense banyes i prims i esquifits com els fideus.

–I que es presentin al despatx del senyor Satanàs de seguida.

5
OPERACIÓ MIG SEGREST

A mitja tarda s'hi presentaren dos dimonis que semblaven dues agulles de cosir de prims que eren. Per no tenir, no tenien ni banyes ni cua.

–Mani, senyor Satanàs –digueren alhora després de la reverència inicial.

Satanàs va tancar la porta i va manar que seguessin.

–Això que ara us demanaré és un assumpte molt secret. Entesos?

–Sí, senyor.

–Molt bé. Anireu al cel disfressats d'àngel, buscareu un metge que es diu doctor Matalí i el portareu aquí sense que ningú se n'assabenti. Està clar o no està clar?

Un dels dimonis prims comentà:

–I com ens podrem disfressar d'àngel, senyor? No tenim ales, ni plomes, ni vestits blancs ni res d'això...

Satanàs ventà un cop de puny tan fort contra la taula que la calculadora i els llapis van sortir disparats contra el finestral.

–Caram! Vosaltres també em doneu problemes? Ales? Us les fabriqueu amb fustetes. Plomes? Enganxeu-vos tot el cotó fluix de la farmaciola. Vestits blancs? Agafeu els vestits vermells i poseu-los dins d'una gibrella ben plena de lleixiu... I ara, vinga, teniu cent euros per a despeses i aneu per feina. Vull el doctor Matalí abans que es faci de nit. I recordeu que això és un secret molt secret.

–Sí, senyor.

Els dimonis prims es van fabricar unes ales amb fustetes, hi van enganxar el cotó, es van posar els vestits rentats amb lleixiu... i van acabar semblant dos àngels acabats d'atropellar per un tràiler de quinze tones.

–Tu creus que podrem enganyar l'àngel de guàrdia? –preguntà un d'ells.

–Jo crec que no, però...

I, tot seguit, es van enfilar per l'escala de ferro en direcció a l'exterior de les boques de l'infern.

Una estona després arribaren al camí asfaltat que conduïa a la caseta on l'àngel controlava les entrades i les sortides.

–D'on veniu vosaltres, fets un allioli? –preguntà quan va veure uns àngels tan desastrosos.

–Ehem! Hem caigut d'un núvol i hem anat a parar dins d'un bassal... –va mentir un d'ells.

–Com que no tenim gaire pràctica de vol encara... –rematà l'altre.

L'àngel de la caseta els va preguntar pel nom i el número de matrícula.

–Ehem! Jo em dic Aletes-fluixes i aquest és Ales-de-paperet i encara no ens han donat la matrícula.

L'àngel va sospirar i murmurà:

–No sé com donen permís de vol a uns principiants tan beneits... Ai, ai, ai! On anirem a parar?

De seguida, es dirigí als falsos àngels:

–Vinga, passeu i canvieu-vos de seguida de dalt a baix, no fos cas que vingui l'Encarregat Major de les Plomes i la tinguem.

6
El doctor Matalí

Els dimonis disfressats van entrar al cel i de seguida van començar a preguntar pel metge:

–Matalí? No em sona... –contestà una angeleta que venia de l'escola.

–El doctor Matalí? Crec que viu a l'altre costat de la plaça Major –va comentar un angelot que venia de la barberia.

A la fi, van trobar un àngel que treballava de guàrdia municipal.

–Sí, sí! –digué el guàrdia–. Viu al carrer de Sant Miquel número dotze, però ara mateix el trobareu a casa de l'Encarregat Major de les Plomes, perquè la seva filla té una malaltia estranya.

–I on viu l'Encarregat Major de les Plomes? –preguntà un dels dimonis disfressats.

–Home! Això ho sap qualsevol: al costat de l'Ajuntament. Ah! Però abans d'anar-hi canvieu-vos de roba, perquè si l'encarregat us veu així us dirà de tot.

Els dimonis trobaren la botiga de roba «La moda angèlica» a l'altre costat del carrer. Es van gastar els cent euros en ales, plomes i vestits i, més lluents que una espasa acabada d'esmolar, marxaren en direcció a la casa de l'Encarregat Major de les Plomes.

–Aquí és –xiuxiuejà un dels dimonis.

Van tocar el timbre i van esperar una estona.

–Qui és? –van preguntar des de dins.

–Busquem el doctor Matalí.

Els obrí una angelota que devia pesar quatre-cents quilos de gran que era.

–Sóc l'Angelines, l'esposa de l'Encarregat Major de les Plomes. Què voleu del doctor?

–Ehem! Resulta que tenim un germanet que ha caigut dins d'un forat i... –va tornar a mentir un dels dimonis.

De seguida, aparegué un home barbut que duia una bata blanca.

–Jo sóc el doctor Matalí. Apa, digueume què passa.

–Ehem! No ho sabem del cert, però el nostre germà petit ha caigut dins d'un forat i no para de queixar-se.

–El forat és lluny o què? –preguntà el metge.

–No, no. A quatre passes com aquell qui diu. –Una altra mentida al sac!

El doctor Matalí agafà la seva bossa i comentà a l'angelota:

–Digues al teu marit que no tardaré gens ni mica a tornar.

Després de caminar fins a la caseta, el metge digué:

–On és aquest forat, caram? Tinc els peus encesos en flames de tant de caminar...

–Ja hi som a prop, doctor, no pateixi.

–Home! Això ja són els afores del cel...

–El nostre germanet estava jugant fora de la tanca celestial i, jugant, jugant, ha caigut pel forat... –improvisà un dels dimonis.

L'àngel de la caseta, en veure la comitiva, preguntà:

–On aneu a aquestes hores per aquí?

Un dels dimonis, amb quatre gambades, s'acostà al guàrdia i li va fer escoltes:

–Xiiit! No alci la veu. Anem a buscar

plantes miraculoses per a aquest senyor, que és el cèlebre doctor Matalí. Ah, sí! I és una ordre directa de l'Encarregat Major de les Plomes i ja no podem dir res més perquè és un secret dels grossos.

–Home! Però a aquestes hores i a punt de sopar? –apuntà l'àngel.

–No es preocupi –va acabar dient el dimoni disfressat–. Les plantes es crien dins d'un forat que no queda gaire lluny d'aquí.

El forat, és clar, era l'entrada a les boques de l'infern. El metge, a penes baixà una dotzena de graons, s'adonà de la calor que hi feia:

–Caram! Aquí fa més calor que a l'infern!

Una estona després, arribaren a la Planta Primera Carbonada. I quan el metge va voler protestar, ja era a la mateixa porta del despatx de Satanàs.

–Caram! Vostè és un dimoni! –exclamà el doctor Matalí.

–No, senyor. Sóc el mateix Satanàs en persona!

7
LA CONVERSA

Satanàs manà que els dimonis es traguessin els vestits d'àngel i tornessin a la seva tasca habitual.

–I recordeu-me que us posi una medalla al valor i us envïi un cabàs de carbó del més bo per Nadal.

–Sí, senyor. I moltes gràcies.

Una vegada van marxar els dimonis, Satanàs s'encarà amb el doctor i li explicà el problema de Satanasset fil per randa. En acabar, el metge va dir:

–Tot just l'Encarregat Major de les Plomes té el mateix ploblema: la seva filla també es pixa al llit.

Satanàs parpellejà set vegades seguides abans de preguntar:

–Que al cel també han posat fogueres últimament o què?

–No, no. Molts nens i nenes es pixen al llit sense acostar-se al foc ni res d'això.

Satanàs va donar dues voltes al despatx abans de tornar a preguntar:

–I quina medecina pot donar-me per curar el meu fill?

El doctor ni s'ho pensà:

–No hi ha cap medecina per a això. El que cal és que el dimoniet passi una temporada al cel i així, d'un tret, matem dos pardals.

No havia acabat de parlar el metge que entrà la secretària amb un paper a la mà.

–Senyor Satanàs, he rebut un e-mail del cel.

–I què diu?

–Doncs, diu:

De: Encarregat Major de les Plomes
A: Satanàs@infern.brut

Senyor Satanàs,

Sé que ha estat vostè qui ha segrestat el doctor Matalí. O me'l torna de seguida o enviaré una colla d'àngels ben trempats perquè el portin i, alhora, li piquin a vostè la cresta. Qui avisa no és traïdor.

Satanàs es va enfurismar com un llop, ventà un altre cop de puny sobre la taula de fusta de noguer i acabà dient:

–Molt bocamolls es posen els àngels últimament... Si no m'hagués de comportar, ara mateix convocava una colla de dimonis banyuts amb forques noves i veuria aquest encarregat de quin mal s'han de ficar al llit una temporada, caram!, que no paren de fer-se el perdonavides cada dos per tres.

I, tot seguit, manà que la secretària enviés una resposta urgent per e-mail que digués:

De: Satanàs

A: Encarregatmajordelesplomes@cel.net

A veure si parlem amb una mica de respecte i consideració, que parlar bé no costa res. He fet venir el metge durant una estona i, a penes acabi amb la consulta, tornarà al cel si no és que plantis la cresta i acabem a garrotades.

El doctor Matalí tractà de posar pau en aquell enrenou:

–Deixi-ho córrer ja, senyor Satanàs. L'Encarregat Major de les Plomes està preocupat per la seva filla i...

El metge i Satanàs continuaren la conversa durant una estona més. En acabar,

Satanàs va fer una inclinació d'assentiment i acceptà el que li oferia el doctor.

–Si no hi ha cap altra solució...

–No, senyor Satanàs: m'enduré el seu fill una temporada al cel i ja està.

–I quan torni ja no es pixarà al llit?

–Home! Tractaré de solucionar-ho de la millor manera possible.

8
UN DIMONIET AL CEL

Satanàs entrà a casa com un coet, s'encarà amb la seva dona, la Dimoniarra, i li digué:

–Prepara la maleta del noi que se'n va al cel una temporada.

La Dimoniarra es ventà un pessic al braç perquè creia que estava somiant.

–Com que se'n va al cel? A fer què?

–Tu prepara la maleta i ja t'ho explicaré després a poc a poc.

La Dimoniarra va acabar per fer la maleta sense parar de remugar:

–Mira, el meu fill, pobret. Al cel. On s'ha vist que un dimoniet vagi al cel com si anés de campament? Ai, fillet de la meva vida!

–Apa, apa, deixa't estar de ploriquejos i fica-li els mitjons més gruixuts, la gavardina, els guants, la bufanda i unes quantes camises de màniga llarga, perquè diuen que al cel fa un fred que pela.

Satanasset aparegué en aquell instant per la porta.

–Apa, fill, canvia't de roba que te'n vas amb un metge molt famós que es diu doctor Matalí –explicà el pare Satanàs.

–On? –va preguntar Satanasset.

El pare s'escurà la gola abans de contestar:

–Ehem...! Al cel, però no et creguis, només una temporada.

Entre una cosa i l'altra, renecs, ordres i contraordres, passà quasi una hora. A la fi, amb la maleta a la mà, el vestit nou, les banyetes lluents i la cueta ben pentinada, Satanasset estava a punt per marxar.

–Apa, fes un petó a la mare i marxem, que el metge ens espera al meu despatx.

La mare, feta un mar de llàgrimes, va fer les últimes advertències:

–No facis parlar, Satanasset, que no puguin dir que ets un mal educat ni res d'això, i menja't tot el que et posin a taula i no tinguis mandra d'aixecar-te del llit a la primera i rentar-te les dents després de les menjades i...

Una estona després, Satanasset, seguit de prop pel doctor Matalí, pujava l'escala que conduïa a l'exterior de les boques de l'infern.

En arribar al camí asfaltat que duia a la caseta d'entrada al cel, el metge advertí:

–Quan arribem a la caseta, no diguis ni piu.

–D'acord, senyor metge.

Però, abans d'arribar-hi, aparegué una colla sencera d'àngels forçuts amb torxes a les mans que els barraren el pas.

–Ei, ei! Sóc el doctor Matalí, el metge de la filla de l'Encarregat Major de les Plomes.

–Per mi, com si és el Ministre de Vol, ja veu –contestà l'àngel que feia de cap de colla–. D'aquí no mou ningú ni un pèl fins que no rebi les ordres necessàries.

9
NEGOCIACIONS...

L'Encarregat Major de les Plomes no tardà a aterrar. Feia la cara més seriosa que un enterramorts de capital. En veure Satanasset preguntà:

–Què fa per aquí un dimoni?

L'àngel de la caseta es va arronsar d'espatlles i contestà:

–Jo què sé! Venia amb aquest metge que, per cert, fa un parell d'hores ha sortit a buscar plantes amb uns angelets esquifits i ara torna amb un dimoni... Total: un maremàgnum que no hi ha qui s'hi aclareixi.

El doctor Matalí tractà de ficar-hi cullerada:

–Jo ho puc explicar tot.

Però a l'Encarregat Major de les Plomes ja li començava a pujar la mosca al nas i no estava per gaires explicacions. Així doncs, sentencià:

–Apa, el metge, a casa meva, i aquest dimoniet, a les calderes de l'infern.

I, de seguida, va advertir l'àngel de la caseta:

–I tu, alerta, caram!, que se't colen uns dimonis disfressats d'àngel i no t'assabentes de res.

Aleshores, el doctor Matalí intervingué i declarà mastegant les paraules:

–O aquest dimoni ve amb mi o jo no torno al cel...

L'Encarregat Major de les Plomes parpellejà unes quantes vegades, mirà de gairell el metge i digué amenaçador:

–Es declara en rebel·lia, doctor Matalí? Abandona les seves funcions de metge envers la meva filla? Seria capaç d'això per un dimoniet que no alça un pam de terra?

El metge s'empassà la saliva i va dir quasi en un xiu-xiu:

–Home! Si poguéssim parlar a poc a poc i no es posés tan brau, potser trobaríem alguna solució...

Que sí, que no, que si no vol, que sí que vull, que si entra, que si no entra... La bona qüestió és que, a la fi, l'Encarregat Major de les Plomes decidí dissoldre la colla d'àngels forçuts i negociar amb el doctor Matalí. Van seure, doncs, al porxo de la caseta i el metge explicà les raons per les quals l'havien dut a l'infern.

–I diu que aquest dimoniet també es pixa al llit?

–Sí, senyor.

–I diu que aquest dimoni és Satanasset, el fill del mateix Satanàs?

–Sí, senyor.

–I diu que son pare l'ha deixat venir aquí, al cel?

–Sí, senyor.

Mitja hora després, arribaren a un acord: Satanasset viuria a casa de l'Encarregat Major de les Plomes i seguiria el tractament que li donés el metge; però, així que millorés de l'assumpte de la pixera, tornaria a l'infern...

–D'acord –declarà el doctor.

–Ah! I si fa alguna malifeta pròpia dels dimonis, d'un pessic l'envio directe amb son pare. Entesos?

–Que sí.

–Apa! Anem passant que encara no he sopat i tinc la panxa més buida que un guitarró –rematà l'Encarregat Major de les Plomes.

10
El tractament del doctor Matalí

A l'esposa de l'Encarregat Major de les Plomes li deien Angelines i, com ja s'ha dit abans, pesava uns quatre-cents quilos. A la filla li deien Aletes-de-Vellut i era prima i escarransida com una pansa de raïm moscatell fora de temporada.

–I aquest és Satanasset, el fill de Satanàs, i passarà una temporada amb nosaltres. Ehem!, això si es porta bé i no el deixo al mig del carrer a la primera de canvi –digué d'entrada l'amo de la casa.

Aquella nit, la senyora Angelines havia fet paella per sopar i, com és normal entre els dimonis, Satanasset es va menjar l'arròs socarrimat que sol aparèixer al cul de les paelles.

–Mmm! Que bo! –exclamà el dimoniet.

Però l'angeleta Aletes-de-Vellut a penes en tastà dues culleradetes.

–Sempre ha estat molt desganada –va aclarir la mare–, i per això menja menys que un pardalet.

Una estona després, tothom desparà la taula i, de seguida, el doctor Matalí cridà els dos nens i els explicà que, abans d'anar a dormir, era convenient anar al servei.

–És necessari? –preguntà l'angeleta.

–Sí.

I, tot seguit, cadascú va anar a dormir a la seva cambra. Al dimoniet li'n deixaren una que quedava paret mitgera amb la llar, perquè, com comentava Satanasset, allà feia un fred que pelava i això que duia la gavardina, els guants i la bufanda col·locats per dormir.

Tres hores després, el metge despertà els nens i els tornà a indicar que anessin al servei. I la mateixa cosa va fer en passar tres hores més. És clar!, aquella nit

l'angeleta i el dimoniet no van poder pixar-se al llit ni que ho fessin a posta.

A l'hora d'esmorzar l'angeleta i el dimoniet anaven donant-se cops contra la taula i les cadires de la cuina.

–Què us passa? –preguntà la senyora Angelines.

–Que tenim son! –van contestar els dos alhora.

Però en acabar d'esmorzar reviscolaren de debò i van anar a jugar a la porta del carrer.

–I tu, per què ets un dimoni, eh? –preguntà Aletes-de-Vellut.

–Jo què sé! –va contestar Satanasset–. Potser perquè el meu pare i la meva mare també ho són.

–I és veritat que els dimonis poseu les persones dins d'unes calderes d'oli bullent?

–Dona! A tots alhora no, perquè no hi

caben. Allà la cosa va a torns, com en les carnisseries i les peixateries...

–I és veritat que tots els dimonis teniu mala bava?

–Dona! Suposo que com a qualsevol lloc. O és que no hi ha àngels que tinguin mal geni?

–I tant! En conec uns quants que...

A l'angeleta semblava que li donaven corda, de manera que, entre anada i tornada al servei per indicació del doctor, li va fer a Satanasset més de mil preguntes: a quina escola anava, quines pel·lícules li agradaven més, si tenia patins d'una roda, si tots els dimonis tenien banyes i cua, si li agradava la xocolata, si sabia jugar als escacs, si tenia amics i amigues, si sabia enviar e-mails amb l'ordinador...

–És clar que en sé –respongué el dimoniet–, però para ja, que tinc el cap fet un timbal amb tanta preguntetа, caram!

Aleshores, l'angeleta Aletes-de-Vellut explicà una mica entristida que, com que no tenia ni amics ni amigues, sovint a penes tenia amb qui parlar.

–I no treballes ni res? –va preguntar Satanasset.

–I ara! Jo encara sóc petita.

–Doncs jo treballo a les calderes des de fa uns quants mesos.

Xerrant, xerrant, l'angeleta i el dimoniet acabaren sabent-se la vida de l'altre quasi de memòria. En arribar el migdia, semblava que havien estat amics de tota la vida.

–A dinar! –cridà la senyora Angelines.

–I abans de res, a pixar i a rentar-se les mans! –va cridar el doctor Matalí, que no parava d'apuntar en una llibreta les vegades que els nens anaven al servei.

11
Ui, ui, ui!

L'Encarregat Major de les Plomes va tornar a casa a l'hora de dinar.

–Què hi ha per dinar? –preguntà així que s'assegué a taula.

–Arròs caldós –contestà la senyora Angelines mentre arrossegava els seus quatre-cents quilos i una olla que no saltaria ni un cangur amb una perxa olímpica.

Mentre dinaven, l'angeleta Aletes-de-Vellut comentà:

–Pare: jo vull treballar.

El pare va negar amb el cap alhora que s'empassava la cullerada d'arròs.

–Pare: jo vull tenir banyes i cua com Satanasset.

El pare quasi s'ofegà amb la cullerada que tenia dins de la boca.

–Pare: jo vull jugar amb els dimoniets i les dimonietes.

El pare es va posar vermell com un pebrot, se li inflaren les venes del coll i poc faltà perquè explotés com un globus.

–Pare: jo vull anar un dia a l'infern.

Aleshores, la senyora Angelines tractà de treure ferro a la tempesta que es veia venir.

–Ui, ui, ui, que graciosa! Mira que dir que vol treballar, ser dimonieta i anar a l'infern! De vegades, les criatures tenen unes sortides de coet que...

Però l'Encarregat Major de les Plomes va deixar caure la cullera damunt de la taula, mirà la filla de dalt a baix i preguntà amb veu de canó:

–Digues qui t'ha posat aquestes idees al cap de seguida o sabràs tu qui és el teu pare.

El doctor Matalí, des d'un cantó de la taula, també va tractar d'esmorteir la tempesta:

–Res, home, res. No en faci cas, perquè és cosa de nens...

Però la tempesta ja estava organitzada i l'Encarregat Major de les Plomes va continuar a la seva:

–Ja sabia jo que tenir un dimoni a casa ens portaria un grapat de problemes!

Ara, que la culpa és meva per haver-ho consentit. Que es pixa un dimoni al llit? Doncs que s'apanyi i ja està!

De seguida, s'alçà de la cadira i, més estirat que un garrot, sentencià:

–Dimoniet: recull les teves coses i torna a casa teva a més de cent per hora.

Satanasset tan sols va gosar dir:

–Però si jo no he fet cap malifeta, m'he acabat el menjar i m'he rentat les dents ben rentades...

–Que tornis a casa teva, caram!

Encara estava Satanasset preparant-se la maleta que entrà un àngel missatger amb un paper a la mà. Era un e-mail que venia de l'infern i deia:

De: Satanàs i Dimoniarra
A: Encarregatmajordelesplomes@cel.net

Benvolgut senyor,

Estem molt agraïts per haver acceptat el nostre fill a casa seva per seguir el tractament amb el doctor Matalí. Si li sembla bé i no hi té inconvenient, ens agradaria que la seva filla passés una temporadeta a casa nostra durant les vacances d'estiu. Records a la seva senyora i també al doctor Matalí.

Mira! L'e-mail encara alterà més l'Encarregat Major de les Plomes.

–Sí home! Ara mateix baixarà la meva filla a l'infern! Si en un dia que ha estat amb un dimoni ja la tinc trastornada!

La senyora Angelines, Aletes-de-Vellut i sobretot el doctor Matalí tractaren de badar boca i defensar el dimoniet:

–No em sembla bé que el dimoniet se'n vagi, entre altres coses perquè no ha acabat el tractament... –va dir el doctor.

Però qualsevol hi insistia més quan l'amo de la casa es posava d'aquesta manera!

Així doncs, Satanasset, escortat per un àngel veterà, travessà el cel de banda a banda i arribà a la caseta d'entrada.

–Una altra vegada per aquí? –preguntà el guàrdia de la caseta.

–Ja veu! M'acaben de fer fora sense més ni més.

Una estona després, arribà al forat que donava entrada a les boques de l'infern i, xino-xano, maleta en mà, es presentà al despatx del seu pare.

12
ELS ANGELETS I ELS DIMONIETS TAMBÉ PENSEN... I SENTEN

Satanàs tragué espurnes per les banyes, es rosegà la punta de la cua, trencà tres llapis, llançà per la finestra la calculadora i encara tingué temps de ventar una puntada de peu a la taula i fer-se una moradura al genoll.

–Ja sabia jo que la cosa no podia funcionar! Àngels mal educats i insolents!

Satanasset comentà quasi a cau d'orella:

–Aletes-de-Vellut, la senyora Angelines i el metge s'han portat molt bé amb mi, pare.

–Tots són iguals!

–Que no, pare, que no. Que la senyora Angelines s'ha portat molt bé i, a més, fa un socarrimat de paella molt bo i un arròs caldós que deixa una oloreta que desfà les banyes. I Aletes-de-Vellut s'ha fet molt amiga meva. I el metge, el pobre, ens ha despertat cada tres hores perquè no ens pixéssim al llit...

No hi va haver manera de convèncer Satanàs. I ara! Va bramar tant que poc li va faltar perquè se li assequessin les arreletes de la gola.

–I ara, torna a casa i explica-li a la teva mare què t'ha passat i, alhora, digues-li que no em faci ni berenar ni sopar, perquè he perdut la gana amb el disgust que porto, ja veus.

Durant la resta del dia, Satanasset no parà de pensar en el que havia succeït i no entenia de cap de les maneres la raó per la qual l'Encarregat Major de les Plomes l'havia enviat a casa.

Mentrestant, al cel, Aletes-de-Vellut es va tancar a la seva habitació i començà a ploriquejar fins que arribà la nit, tot i que la senyora Angelines i el doctor Matalí tractaren de donar-li consol cada minut.

–Deixeu-me estar tranquil·la! –deia l'angeleta.

–Però, dona!, si més no, aixeca't i vés al servei –demanava el metge.

–No vull! Deixeu-me estar tranquil·la!

Tampoc l'angeleta no acabava d'entendre el que havia decidit el seu pare. Devia haver estat per voler anar a treballar? Devia haver estat per voler tenir banyes i cua com els dimonis? Devia haver estat per voler anar a passar un dia a l'infern?

I com que no ho acabava d'entendre, li va entrar encara més pena i, quasi sense voler, pujà el to dels ploriquejos, de manera que, quan el seu pare tornà de la feina, la senyora Angelines i el doctor Matalí feien una cara de ciri que no se l'acabaven.

–Mira què li passa a la teva filla –murmurà la senyora Angelines–. No ha volgut menjar, ni beure, ni anar al servei i s'ha passat tot el sant dia ploriquejant com si tingués mal de queixal.

Però l'Encarregat Major de les Plomes, com si sentís ploure, es va asseure a sopar. Després, llegí una estona el diari i, de seguida, es capbussà dins del llit sense dir res.

13
I ARA, QUÈ FEM?

L'endemà, el llit de Satanasset semblava una sucursal de la mar.

–T'has tornat a pixar, fill? –la senyora Dimoniarra ho digué una mica entristida.

A més, el dimoniet no va voler anar a treballar a les calderes, ni esmorzar, ni jugar, ni res de res. Per això, la senyora Dimoniarra es canvià les sabatilles per les sabates noves i marxà al despatx de la Planta Primera Carbonada.

–Bon dia, senyora Dimoniarra –saludà la secretària amb un somriure d'orella a orella–. Vol parlar amb el senyor Satanàs?

Però la Dimoniarra no tenia ganes de xerrameca. De manera que va empènyer la porta del despatx, entrà com una bala i digué:

–A veure com soluciones aquest assumpte, perquè el teu fill porta un disgust que no li cap dins de la pell, no vol menjar i, a sobre, ha posat el llit fet un bassal.

–I jo, què vols que faci?

–Home! Alguna cosa deus poder fer, no? Parlar amb l'Encarregat Major de les Plomes, amb la seva dona, amb el metge... Jo què sé! Però alguna cosa hauràs de fer, no?

Satanàs va donar tres cabotades, ventà un cop de puny damunt de la taula i assegurà:

–Abans perdria les banyes i la cua que parlar amb uns àngels tan mal educats i insolents.

A la mateixa hora, a la casa de l'Encarregat Major de les Plomes, la senyora Angelines descobria els llençols de la seva filla.

–Ai, recaram! Això sembla una llacuna més que un llit!

A més d'això, l'angeleta tampoc no va voler esmorzar, ni sortir a la porta del carrer, ni jugar, ni anar al servei. I això que el doctor Matalí li ho va dir una dotzena de vegades.

–Que no vull! I deixeu-me en pau!

La senyora Angelines es va pentinar, es posà les ales noves i, després d'agafar una mica d'embranzida, enlairà els seus quatre-cents quilos i es dirigí al taller de les plomes on solia anar el seu marit al matí.

Va aterrar a la porta del taller, es passà les mans pels cabells i entrà totalment decidida. El seu marit comprovava les bossetes de plomissol que gasten els angelets i les angeletes acabats de néixer.

–Què fas per aquí, Angelines?

–Doncs jo t'ho explicaré ara que has perdut la bravura d'ahir: la teva filla s'ha tornat a pixar al llit, no vol esmorzar, ni jugar, ni res de res. Allà la tens, en un racó de la casa i feta una magdalena. I tot perquè et passà pel cap fer fora un dimoniet que no havia fet cap malifeta ni res d'això.

L'Encarregat Major de les Plomes indicà a la seva dona que no alcés la veu:

–Xiiit! No cridis, caram, que a ningú no li importa si la nostra filla es pixa al llit o si ahir vaig portar un dimoniet a casa.

Però la senyora Angelines ja s'havia embalat i no la parava ni un tren a tota màquina.

–Doncs a veure què fas ara, perquè no para de plorar i no fa cas ni al metge.

No vol anar al servei de cap de les maneres i, entre unes coses i unes altres, entre que menja menys que un pardalet i que ara no vol pixar, agafarà una malaltia de les grosses i ja veurem aleshores què fem, cap de trons, més que cap de trons.

I va rematar el discurs tot dient:

–... i a mi em matareu d'un disgust el dia menys pensat entre uns i altres.

14
Sorpresa!

Mentrestant, la Dimoniarra, fent morros, va tornar a casa i començà a buscar el seu fill, però no el trobà enlloc.

–Se'n deu haver anat a treballar a les calderes?

Ja estava a punt de tornar a sortir quan veié un paper damunt de la taula de l'habitació del fill. Era un e-mail que deia:

De: Aletes-de-Vellut
A: Satanasset@infern.brut

D'acord. Jo també aniré a buscar-te tot i que no acabo de dominar el vol i no sé molt bé per on para la caseta de sortida del cel. Però ho preguntaré als municipals.

A la Dimoniarra li caigué, aleshores, el món als peus.

–El meu fill s'ha escapat de casa!

I va tornar com una bala al despatx de la Planta Primera Carbonada.

Mentrestant, l'Encarregat Major de les Plomes, amb el cap fet un bombo d'escoltar els renecs de la seva esposa, decidí acompanyar-la i parlar amb la seva filla. Van arribar a casa i es trobaren el doctor Matalí a la porta amb una cara que semblava treta d'un museu de mòmies.

–Què passa? –preguntà la senyora Angelines.

–L'angeleta ha desaparegut!

–Com diu? –preguntà el pare fet un flam.

–Això. Que ha desaparegut... He trobat aquest e-mail damunt de la taula de la cuina.

L'e-mail deia:

De: Satanasset
A: AletesdeVellut@cel.net

Me'n vaig a buscar-te al cel. Si pots i et ve de gust, arriba't a la caseta d'entrada i, una vegada allí, ja veurem a què podem jugar.

Poc faltà perquè a la senyora Angelines li agafés un patatum.

–Ai la meva filleta! De segur que es perd pel camí o l'atropella un àngel despistat o vés a saber què li pot passar!

Mentrestant, Satanàs i la Dimoniarra, acompanyats per una dotzena de dimonis armats amb forques noves, estaven pujant els últims graons de les boques de l'infern. Tot seguit, sortiren a l'exterior.

–Per on es va al cel? –va preguntar la Dimoniarra.

–Seguiu-me.

Una estona després, albiraren la caseta d'entrada.

L'Encarregat de les Plomes i la senyora Angelines van agafar embranzida i, acompanyats per una dotzena d'àngels forçuts, s'enlairaren en direcció a la caseta d'entrada. El doctor Matalí va haver de llogar un taxi angelical per poder seguir la comitiva.

–On el porto? –preguntà l'àngel taxista.

–A la caseta d'entrada.

–Això li resultarà bastant car...

–Tant se me'n dóna.

Al cap d'una estona, aterraren a la mateixa porta d'entrada al cel. L'Encarregat Major de les Plomes es dirigí a l'àngel de la caseta i li preguntà:

–Has vist una angeleta i un dimoniet banyut per aquí?

El guàrdia de la caseta es va alçar d'un bot de la cadira i assegurà:

–No, senyor. Des de fa més de mitja hora tan sols ha passat el camió de les escombraries.

–Segur?

–Segur.

I, de seguida, es posaren a mirar per aquí i per allà fins que descobriren els dimonis que s'apropaven caminant.

–És Satanàs, una dimònia i una colla de dimonis armats amb forques... –xiuxiuejà el doctor Matalí.

–Home! –va exclamar l'Encarregat Major de les Plomes–. Ja tenia ganes de dir-li a Satanàs quant fan dos més dos.

Però la senyora Angelines intervingué de seguida:

–Deixa't estar ara de melindros, que hem vingut aquí a buscar la nostra filla.

Satanàs, la Dimoniarra i la colla de dimonis van arribar a la caseta en un instant.

–Per on para el meu fill? –preguntà Satanàs amb una veuarra que semblava sortir d'una gerra.

–Això voldria saber jo –contestà l'Encarregat Major de les Plomes molt enfadat–. On és la meva filla?

–I a mi què em dius? Jo busco el meu

Satanasset. La teva filla l'ha enredat per fugir de casa.

–La meva filla? Això voldries tu, tros de carbó banyut!

–I tu què, grapat de plomes desficiades?

Mira! Començaren a dir-se de tot mentre les colles d'àngels i de dimonis es mostraven les dents els uns als altres. I encara sort que la senyora Angelines i la Dimoniarra, una mica apartades de l'enrenou, tractaven de treure l'aigua clara a l'assumpte.

–Doncs, no sé, noia... Hem trobat un e-mail i deia que vindrien per aquí... Ui, que preocupada que estic!

–Això he llegit jo també, noia. Es deuen haver perdut pel camí?

15
ENS PIXEM AL LLIT... I QUÈ PASSA?

En un moment de la discussió, a Satanàs se li escapà sense voler:

–... doncs quina filla que tens que es pixa al llit!

–I el teu fill, què? Es pixa més que la meva de bon tros!

La colla d'àngels i de dimonis van parar d'ensenyar-se les dents i començaren a mirar-se els uns als altres.

–Satanasset es pixa al llit... –xiuxiuejà un dimoni grandot que duia ulleres de sol.

–L'angeleta Aletes-de-Vellut es pixa al llit... –comentà quasi a cau d'orella un àngel que duia sabatilles esportives.

I, de seguida, el silenci es va fer l'amo dels voltants.

Va ser la senyora Angelines la primera que tallà el silenci:

–Potser el metge sap alguna cosa.

Tothom mirà el doctor Matalí. Aquest començà a xiular i a mirar cap amunt com si volgués comptar els núvols que passaven.

–Ehem! –va dir a la fi el metge–. Potser han anat a territori neutral per poder xerrar i jugar tranquils.

–Neutral? –preguntà Satanàs–. I això què és?

–Sí, sí! Que ho expliqui! –cridà l'Encarregat Major de les Plomes.

El doctor Matalí es va rascar el clatell mentre tractava d'aclarir-ho:

–Aquí hi ha la caseta, no? Doncs bé, cap avall és territori de l'infern i, cap amunt, territori del cel. Potser els nens han seguit la línia de la caseta i així no són ni en un lloc ni en l'altre.

Satanàs no esperà ni un instant més. Va enlairar la mà dreta i manà a la seva colla:

–A buscar Satanasset!

Però un dels dimonis preguntà:

–Anem cap a la dreta o cap a l'esquerra?

Apa! Una altra discussió: nosaltres, els dimonis, a l'esquerra... No, no, vosaltres a la dreta... Nosaltres anirem on ens dóna la gana i el gust... Molt brau et poses tu, Satanàs... I tu què, sac de plomes descolorides?... Descolorides? Tu sí que tens les banyes més tortes que un llamp...

A la fi, com que no s'aclarien, van decidir romandre quiets fins que els nens apareguessin.

–...això, si apareixen –comentà per un badall de la boca Satanàs.

–...tu calla i mira cap aquell costat.

–...jo callaré si em dóna la gana.

I així fins que, al vespre, van veure dues figuretes que s'apropaven seguint la línia de la caseta.

–Ja vénen! –bramà la Dimoniarra.

–Ai, la meva filleta! –va cridar la senyora Angelines.

Satanasset i Aletes-de-Vellut van arribar en un tres i no res.

–Venim de jugar –explicà l'angeleta.

–... i hem trobat pedretes de colors –afegí Satanasset.

–...i tornarem a escapar-nos de casa si us poseu tan braus i tossuts...

–...i, si cal, ens farem una cabanya en un lloc secret.

Mira! A les mares els queia la bava en sentir els nens!

I, per continuar, l'angeleta Aletes-de-Vellut va dir:

–I volem que el doctor Matalí ens controli la pixera.

I, per rematar-ho, Satanasset mirà tot el personal i digué amb tota la cerimònia:

–I, per si de cas no ho sabeu tots, nosaltres dos ens pixem al llit..., i què passa?

Una estona després, a la contrada, tan sols hi havia l'àngel de la caseta que, mira per on!, somreia satisfet.

Les persones enteses diuen i asseguren que Satanàs continuà sent el cap dels dimonis de l'infern. D'altra banda, l'Encarregat Major de les Plomes va ser nomenat, tres setmanes després, cap de l'SGVA (Servei General de Vols Angelicals). Això vol dir que van continuar exercint el paper que els pertocava. També continuaren fent la seva la senyora Angelines i la Dimoniarra (tot i que, de tant en tant, es telefonaven pel mòbil o s'enviaven un e-mail per intercanviar receptes de cuina).

El que més crida l'atenció de tot el que diuen i asseguren és que Satanasset i Ales-de-Vellut passaren, des d'aquell mateix dia, una temporada al cel i una altra a l'infern i sempre van anar acompanyats del doctor Matalí.

Però, encara es pixen al llit?

Això no ho sap ningú.

Qui s'ho cregui, que s'ho cregui; qui no, doncs que no s'ho cregui, perquè tant una cosa com l'altra són de franc.

Han escrit i han dibuixat...

Enric Lluch

Enric Lluch i Girbés (Algemesí, Ribera Alta, 1949) és llicenciat en Història per la Universitat de València. Professor d'Ensenyament Secundari, la seva activitat literària es mou entre els guions dramàtics, els llibres de text, la narrativa infantil i juvenil i els temes narratius relacionats amb la investigació històrica, des de l'iberisme als moviments socials i polítics del segle XVII. Ha estat guardonat, entre d'altres, amb el premi Jaume I d'Investigació Històrica, el premi Samaruc al millor llibre valencià (dues vegades), el Vicent Silvestre dins dels premis Ciutat d'Alzira, el Joan Amades, el de la Crítica de l'Institut Interuniversitari de Filologia Valenciana (dues vegades), etc. És autor d'uns quaranta llibres de caràcter infantil o juvenil, com ara *Postosnàguel, El rei Panxut redola i el rei Primal s'envola, Contes arran de terra, Les lletres fan fugi-*

na, *Contes de les coses que pengen del cel*, *Eugeni: un geni mal geni*, *Jo... i les circumstàncies*, *El faraó Totun-nàs*, *Neu i gossos... ¡Quin embolic!*, *El llibre dels desheretats*, *Pallorfeta*, *Mismís i Trisparís*, *Marta la curiosa*, *L'enigma dels Templers*, *Chalop*, *Bori-Bori i el lladre Butxacotes*, *Si la gran deessa ho vol*, *L'anell de la bruixa dels Ullots*, *Silvèrius Flautus*, *L'impostor*, *Somnis de mar...* La seva obra ha estat traduïda a totes les llengües de l'Estat.

Monse Fransoy

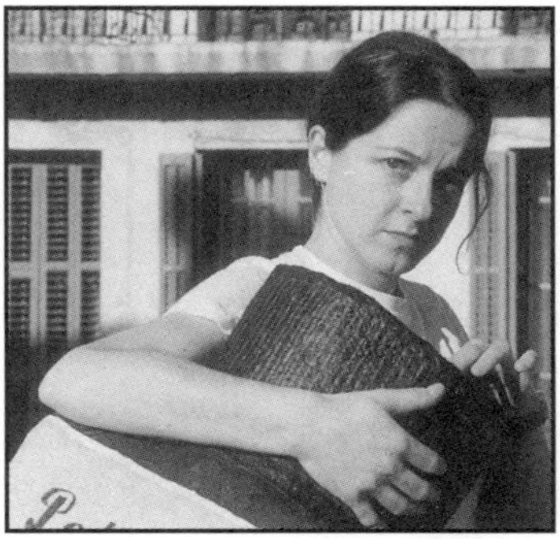

De petita, la Monse mai no havia pensat a ser dibuixant. Quan li preguntaven què faria de gran, ella no podia decidir-se: que si paleta, que si fuster, que si titellaire, que si jardiner com l'avi...

Un bon dia es va trobar en una escola estudiant il·lustració i, des d'aleshores, no ha fet altra cosa. Pensava que havia tingut molta sort perquè ara podia fer tot allò que sempre li havia agradat: podia construir una casa amb un llapis i moblar-la amb un pinzell, podia fer els vestits dels seus titelles sense haver de necessitar cap màquina de cosir i, a més, no havia de patir mai per si se li pansien les flors, ja que eren fetes de pintura. Fins i tot, podia fer sorgir un superheroi d'un pot de tinta!

Tot semblava anar de primera fins que es va adonar que els dibuixants signen les seves il·lustracions, i ella tenia un problema greu amb el seu nom!:

la lletra *t* sempre li feia nosa, perquè era massa llargaruda.

Com que aquesta lletra no sona, va pensar que ningú no se n'adonaria, si la treia del seu nom. I aquesta és la raó per la qual la Monse ha guardat la seva *t* en una capsa (per si mai la torna a necessitar!).